Made in the USA
Middletown, DE
31 October 2023

41707416R00075